PROGRAMMES

DES

COURS RÉVOLUTIONNAIRES

Sur la fabrication des Salpêtres , des
Poudres et des Canons.

MORT AUX TYRANS.

PROGRAMMES

DES COURS RÉVOLUTIONNAIRES

Sur la fabrication des Salpêtres, des
Poudres et des Canons ;

Faits à Paris dans l'amphithéatre du Muséum d'histoire naturelle, et dans la salle des Électeurs, maison du ci-devant Évéché, les 1, 11, 21 Ventôse et 5 Germinal, deuxième année de la République Française, une et indivisible ; par les citoyens Guyton, Fourcroy, Dufourny, Berthollet, Carny, Pluvinet, Monge, Hassenfratz et Perrier ;

PAR ORDRE DU COMITÉ DE SALUT PUBLIC.

DEUXIÈME ÉDITION.

12465

A PARIS,

DE L'IMPRIMERIE DU COMITÉ DE SALUT PUBLIC.

An 2 de la République française.

8ᵉ Z le Vérrure. 9. 106

COURS RÉVOLUTIONNAIRE

DE LA FABRICATION

DU SALPÊTRE ET DE LA POUDRE.

PREMIÈRE LEÇON.

Histoire naturelle, et principales propriétés du nitre ou salpêtre.

1. Le sel avec lequel on fabrique la poudre à canon est nommé nitre ou salpêtre ; les chimistes le nomment nitrate de potasse, parce qu'il est formé par l'union de l'acide nitrique et de la potasse. Le mot salpêtre, *sal petrae*, lui est donné, parce qu'on le tire souvent des vieilles pierres.

2. Le nitre se forme continuellement dans la nature, à l'aide des matières animales et végétales, qui se décomposent à l'air, et dont la putréfaction lente donne naissance à son acide. L'alcali ou la potasse, qui est unie à

l'acide de ce sel , est fournie par les plantes entièrement décomposées : ainsi on ne trouve point de nitre dans tous les lieux arides et inhabités , sur les hautes montagnes , et dans les profondeurs de la terre.

3. Quand le nitre est formé , il se présente sous la forme de petites aiguilles , à la surface des murs , des terres , sur le sol des habitations abandonnées ; on peut l'obtenir en balayant : c'est pourquoi on l'appelle alors nitre de houssage. Jamais on ne l'a trouvé en grande masse isolée , ou en carrière , ni en lits , dans l'intérieur de la terre ; il n'existe qu'à la surface ou à peu de profondeur ; presque toujours il est caché dans les terres et les pierres ; telles sont les pierres calcaires poreuses , et les craies de plusieurs départements ; tels sont les plâtras et les décombres des vieux bâtiments , ou les terres des caves , caveaux , écuries , étables , &c , &c.

4 On reconnoît une habitation salpêtrée au nitre qui s'effleurit à la surface , mais il ne faut pas confondre avec le salpêtre plusieurs autres sels qui se montrent souvent sur les pierres , tel que le sulfate de soude ou *sel de Glauber* , le sulfate de magnésie ou le *sel d'Epsom* , le carbonate de soude ou *sel de soude :* on trouve ceux-ci au haut des voûtes

et des murs de caves , de ponts anciens , de souterrains de fortifications ; ils sont âcres et amers , mais on voit bientôt que ce n'est pas du nitre , parce qu'en les jettant sur des charbons embrasés , ils les éteignent au lieu de les allumer , comme le fait le nitre.

5. Le nitre se trouve plus fréquemment dans le bas des murs et des habitations ; il ne forme que de petites aiguilles brillantes , et jamais de longs filets ; il tient peu aux murs , et tombe sur le sol : le moindre frottement le détache , jamais celui qu'on voit ainsi sur les murs n'est assez abondant , dans nos climats , pour fournir à nos usages. C'est le nitre mêlé et caché dans les vieilles pierres ou dans les craies , les tufs et les plâtras , ou dans les terres des habitations, que l'on en retire par l'art du salpêtrier.

6. Le nitre passe , des terres où il est contenu , dans plusieurs végétaux , avec l'eau qui pénètre dans leurs racines ; mais il se fixe plus dans certaines plantes que dans d'autres. On en trouve beaucoup dans la bourache , la buglose , le tabac , le soleil , la ciguë , &c. Quand on épaissit le suc de ces plantes , ou quand on garde leurs extraits , le nitre s'y montre en aiguilles abondantes. On a cru long-temps que tout le nitre des terrains salpêtrés venoit des plantes. Il est bien reconnu au-

aujourd'hui qu'il s'en forme beaucoup d'étranger aux végétaux.

7. Toute terre ou pierre salpêtrée, se reconnoît à sa saveur âcre, salée, amère et fraîche en-même-temps. Il suffit de la tenir quelque temps dans la bouche pour que cette saveur s'y développe. Quelque riche qu'elle soit, jamais elle ne donne sur les charbons ardents de marques assez caractérisées pour y reconnoître surement, par ce procédé, la présence du nitre. La richesse d'une terre salpêtrée, ou la quantité de nitre contenue dans une terre, varie singuliérement, depuis quelques gros jusqu'à plusieurs livres par quintal.

8. Pour connoître l'art d'extraire et de purifier le salpêtre, ainsi que celui de préparer la poudre, il est essentiel d'avoir des notions exactes sur les principales propriétés du nitre pur.

9. Le nitre pur cristallise en longues aiguilles qui, examinées avec soin, présentent chacune un prisme à six pans, terminé par des sommets à deux faces ou en biseau. Quelquefois on observe une cavité ou un canal le long de chaque cristal. Souvent un grand nombre de cristaux se grouppent en toutes sortes de sens, et imitent des faisceaux cannelés, des rayons, des soleils. On le nomme en cet état *nitre en baguettes.*

10. Le nitre chauffé se fond facilement ; fondu, il est comme un liquide gras et huileux ; il ne se dessèche pas au feu ; mais chauffé jusqu'à le faire bouillir et rougir, il se décompose, son acide se volatilise en ses principes, et à la fin il ne reste que l'alcali. Quand le nitre est simplement fondu, et qu'on le retire du feu, il se fige en une masse blanche, opaque, un peu grasse à l'œil, qu'on nommoit autrefois *cristal minéral.* Cette décomposition du nitre, par le feu, est un des caractères du nitre ; on l'appelle alcalisation du nitre, parce qu'il se réduit en effet à sa base alcaline. Ainsi on ne peut faire fondre et sur-tout rougir du nitre sans en perdre plus ou moins. On retire du nitre, ainsi chauffé, et pendant qu'il se décompose, un air beaucoup plus pur que celui de l'atmosphère, qui est un des éléments de l'acide nitrique, qu'on nomme air vital ou gas oxigène ; c'est à ce principe qu'est due la propriété qu'à le nitre de brûler les corps combustibles.

11. Le nitre reste à l'air, sec ou humide, sans éprouver de changement, lorsque ce sel est bien pur ; s'il s'humecte, c'est qu'il contient des matières étrangères.

12. Le nitre se dissout facilement dans l'eau ; si elle est à dix degrés du thermomètre, elle

en dissout un tiers de son poids ; si elle est bouillante , elle en dissout près de trois fois son poids , en laissant refroidir cette dissolution , le nitre qui n'étoit dissous qu'à l'aide de la matière de la chaleur , se sépare ou se dépose en se cristallisant plus ou moins régulièrement, suivant le temps que dure ce refroidissement ; s'il est subit , le nitre se dépose en petits cristaux grenus, qui sont serrés les uns contre les autres , et qui forment une masse dure ; si la liqueur est refroidie par degrés insensibles, le nitre prend la forme de cristaux en aiguilles ou en prismes.

13. Le nitre chauffé avec du sable ou de l'argile , se décompose ; l'acide qui y est contenu s'en sépare ; la base alcaline reste mêlée ou combinée avec la terre ; c'est l'argile qu'on employe pour obtenir l'acide nitrique qu'on appelle *eau forte* ou *esprit de nitre* dans les arts ; on arrête ou on retient , dans des vases fermés , par la condensation ou par le froid , l'acide qui passe en vapeur.

14. Les chimistes emploient la force des attractions ou des adhérences qui existent entre différents corps, pour décomposer le nitre. Ils savent , par exemple , que l'acide sulfurique , qu'on nomme *huile de vitriol*, a plus d'attraction avec la potasse , qui est un des principes

du nitre , que n'en a l'acide nitrique ; c'est pour
cela qu'ils distillent ensemble ce sel avec de l'a-
cide sulfurique. Ils obtiennent ainsi l'acide nitrique en vapeur ; il reste du sulfate de potasse
dans le fond du vaisseau distillatoire. C'est ainsi
qu'on a connu la nature du nitre et sa vraie
composition , par un acide particulier uni à la
potasse.

15. Une des plus belles et des plus utiles propriétés du nitre , c'est celle de servir à brûler
les corps combustibles , tels que le charbon ,
le soufre, les métaux, qui sont de vraies
matières combustibles. C'est en raison de cette
propriété , qu'en jettant du salpêtre dans un
foyer sur des charbons ardents , il augmente
tout-à-coup l'activité du feu ; ce phénomène se
nomme détonation du nitre , parce qu'il se fait
avec bruit. C'est aussi par cette propriété que ,
mêlé avec du charbon , du soufre , des métaux
en poudre , et chauffé dans des vases fermés , il
enflamme promptement ces corps. On verra par
la suite que telle est la cause de l'inflammation et de tous les effets de la poudre. Cette
combustion , opérée par le nitre , est due au gas
oxigène qui s'en dégage par le feu.

16. Toutes les expériences qu'on a faites sur
le nitre et sur son acide , prouvent que ce dernier
est un composé d'une matière qui se trouve

abondamment dans les substances animales , et qu'on nomme *azote* , avec un des principes de l'air , qu'on nomme *oxigène*. L'air contient aussi de l'azote ; mais il n'est pas dans un état favorable à sa combinaison avec l'oxigène : voilà pourquoi il ne se forme que très-rarement de l'acide nitrique dans l'atmosmosphère. Ainsi la nature forme l'acide nitrique par le contact et l'union des matières animales , qui se décomposent lentement , et de l'air qui sert à cette décomposition : il ne s'agit que d'offrir à cet acide , à mesure qu'il se forme , l'alcali potasse qui doit lui être uni , pour faire de vrai salpêtre ; les végétaux sont propres à cela. Telle est la théorie des nitrières artificielles ; c'est aussi celle de la formation naturelle du nitre dans tous les lieux habités.

DEUXIÈME LEÇON.

De l'art de séparer le salpêtre des matériaux salpêtrés.

1. QUAND on a reconnu la présence du salpêtre dans les pierres, les plâtras ou les terres, il faut apprendre à séparer ce sel, et à l'obtenir à part. Cette extraction constitue l'art du salpêtrier ; il est fondé sur la propriété qu'a le nitre de se dissoudre dans l'eau, tandis que la terre ne l'a point.

2. Dans l'extraction du salpêtre des matériaux salpêtrés, on a pour but d'enlever tout le salpêtre contenu dans ces matériaux, de l'enlever le plus promptement possible, et de le dissoudre dans le moins d'eau possible.

3. Pour remplir ce triple but, il faut que les matériaux salpêtrés soient assez divisés pour présenter la plus grande surface à l'eau qui doit elle-même toucher ces matériaux sur tous les points, les pénétrer, séjourner assez long-temps auprès d'eux pour les dépouiller de tout le sel qu'ils contiennent, et être en assez grande quantité pour ne laisser rien échapper.

4. On prend à cet effet des tonneaux percés d'un trou vers le bas ; ce trou est garni d'une champleure et d'une broche ; on environne ce trou d'un bouchon de paille, de quelques pierres ou d'un tuileau qui empêchent la terre ou les plâtras concassés de le boucher, et qui permettent à l'eau de couler. On met au fond du tonneau quelques menus bois ou fagots, ou copeaux, ou même un faux-fond à quelques pouces au-dessus du vrai. On remplit ensuite ce tonneau de terre ou pierres, ou plâtras salpêtrés, en observant de concasser ou pulvériser les pierres ou les plâtras, ou de les réduire à l'état de terre. On jette de l'eau sur ces matériaux au milieu desquels on pratique une cavité. Après l'avoir laissé séjourner dans le tonneau, dont la champleure est fermée pendant six à huit heures, on ouvre la champleure, et on reçoit l'eau qui s'écoule peu-à-peu dans un baquet placé au-dessous du tonneau qu'on nomme recette.

5. Le premier lavage n'est pas assez riche en sel, pour être évaporé avec fruit, et la terre ainsi lavée une fois, n'est pas épuisée par cette première lessive. Pour parvenir à enrichir ou graduer l'eau, ainsi qu'à épuiser les matériaux salpêtrés, on repasse la première lessive sur des tonneaux remplis de nouvelle terre, et de

la même manière que la première fois ; et on fait même cette opération sur une troisième terre. De même on fait passer trois eaux neuves de suite sur chaque terre, afin qu'elle soit épuisée.

6. C'est pour remplir ces objets avec économie de temps, de bras et de dépenses, que dans les ateliers de salpêtriers, on dispose au moins trente-six tonneaux placés sur trois rangs de hauteur, douze pour chacun, entre lesquels on établit, par des pompes, des rigoles et des canaux, une communication facile et prompte. L'industrie a trouvé encore des moyens et des machines simples pour vider l'eau des tonneaux, en enlever et renouveller les terres. C'est dans les ateliers des salpêtriers qu'on prendra une connoissance exacte des procédés qu'ils emploient.

7. Souvent on place au fond des tonneaux et au-dessous des matériaux salpêtrés, de la cendre de bois neuf ; l'alcali contenu dans cette cendre augmente la proportion du bon salpêtre, par les raisons qui seront exposées dans les leçons suivantes. Il faut savoir qu'en général plus on met de cendre, plus on obtient de salpêtre pur, pourvu cependant que la quantité de cendre n'excède pas le cinquième du volume de la terre ; car alors l'excès de cendre seroit en pure perte ; il pourroit même, comme on le

verra par la suite , altérer la pureté du salpêtre. Quelques hommes instruits pensent qu'il
vaut mieux mettre la cendre par lit d'un pouce,
entre des lits de trois pouces de terre , que de
la placer au fond des tonneaux.

8. Comme il est important de connoître la
force des lessives pour savoir combien elles
peuvent fournir de salpêtre , et si elles sont
dans le cas d'être évaporées avec profit, on a
imaginé différents procédés plus ou moins surs
et commodes , pour juger de l'état de ces lessives
et de la quantité de salpêtre qu'elles contiennent.
C'est ordinairement par la pesanteur spécifique
qu'on détermine la proportion de sel contenu
dans une eau. Pour bien concevoir la théorie
et la pratique des recherches simples que l'on
fait sur cette propriété , il faut d'abord savoir
que tous les corps ont des poids différents sous
le même volume , ainsi :

Un pied cube d'or pèse plus qu'un pied cube
de plomb ;

Un pied cube de fer pèse plus qu'un pied
cube de salpêtre ;

Un pied cube d'eau pèse plus qu'un pied cube
d'eau-de-vie.

Si l'on fait dissoudre du salpêtre dans de
l'eau , un certain volume de cette eau (par
exemple une pinte), pèsera plus que le même

volume d'eau pure, et d'autant plus que l'eau contiendra plus de salpêtre. En faisant des dissolutions de salpêtre en différentes proportions, dans les mêmes qualités d'eau, et en pesant celles-ci, sous le même volume, on trouvera, par les différences de poids, le rapport qui existe entre les différentes pesanteurs et les quantités de salpêtre qui y sont dissoutes ; et un tableau, contenant ces différences, pourra servir à connoître la nature d'une lessive pesée sous le même volume.

9. Mais ce procédé est trop long, et l'on se sert avec succès d'un instrument nommé *aréomètre*, qui, par la lessive qu'il déplace, et par la manière dont il s'enfonce, fait juger sur-le-champ de l'état de cette lessive. Voici la théorie de cet instrument.

10. Si, dans une masse d'eau tranquille et dont toutes les parties sont en repos, on en considère, par la pensée, une partie quelconque, il est évident, puisqu'elle pèse et qu'elle est en repos, que son poids est en équilibre avec celui des autres parties qui tendent, comme elle, à descendre.

Si, à la place de cette partie, on avoit une autre matière, de même forme, de même volume et de même poids, ou solide ou liquide, il est évident qu'elle produiroit, par son poids, le même effet que l'autre, c'est-à-dire, qu'elle resteroit à la même place, qu'elle seroit en équilibre et en repos.

Ainsi un corps de même poids que pareil volume d'eau, placé quelque part que ce soit, dans une eau tranquille, reste en repos sans descendre, ni s'élever : il n'y a pas de matière de cette nature, mais on parvient à en former une, en ajoutant à une substance légère, comme du liége, un peu d'une matière pesante.

11. Si cette autre matière, supposée à la place de l'eau, pèse plus que l'eau qu'elle remplace, rien ne fera équilibre à l'excès de son poids ; elle descendra donc au fond du vase, et d'autant plus vîte que cet excès sera plus grand.

Ainsi, un corps qui pèse plus qu'un pareil volume d'eau, placé dans une masse d'eau, tombe au fond ; les *métaux,* les *pierres,* et la plupart des corps solides, mis dans l'eau, produisent cet effet.

12. Mais si cette autre matière, toujours supposée à la place d'un même volume d'eau, et au milieu de ce liquide en repos, pèse moins que l'eau qu'elle remplace, son poids n'est plus capable de faire équilibre à l'effort que font les autres parties d'eau pour descendre, puisque le poids de l'eau déplacée, qui est plus grand, étoit nécessaire pour maintenir cet équilibre : elle s'é-

levera

levera donc à la surface , et une portion sortira
de l'eau , jusqu'à ce qu'elle soit parvenue à ne
plus déplacer qu'une masse d'eau du même poids
qu'elle ; on conçoit facilement que plus ce corps
sera léger, et plus la partie qui sortira de l'eau
sera grande , ou bien que plus l'eau sera pesante,
plus la partie du même corps qui sortira de
sa surface sera considérable.

*Ainsi un corps qui pèse moins que pareil
volume d'eau, surnage*, comme le font les bois
secs, le liége, &c.

Si la partie qui doit sortir de l'eau, lorsque
le corps est plus léger, est alongée et menue,
les différences de cette partie sortant de l'eau,
lorsque celle-ci sera de pesanteur différente ,
deviendront sensibles, et pourront servir à mesurer et à comparer les pesanteurs des liquides,
en comparant les différents degrés d'élévation
dans des liquides différents.

Tel est le principe de la confection des aréo-
mètres ; ce sont des tubes de verre, portant une
boule soufflée et lestée de manière qu'ils restent
debout dans l'eau : ils s'enfoncent d'autant plus
que l'eau est plus légère ou moins chargée de
salpêtre, et ils surnagent d'autant plus que la
lessive est plus riche ; on les gradue, ou on les
construit, en les plongeant d'abord dans l'eau
pure , ensuite dans des eaux qui contiennent

B

successivement, depuis une jusqu'à vingt-cinq
parties de salpêtre pour cent, et en marquant à
chaque hauteur où le tube s'élève un degré de
plus, ou des nombres croissant un à un, de
sorte que chaque degré indique une livre de
salpêtre sur cent.

TROISIÈME LEÇON.

*Examen de la lessive des terres et des
plâtras ; évaporation et cristallisation
des lessives ; salpêtre de la première
cuite.*

1. LES salpêtriers distinguent par des noms
particuliers les lessives de différents degrés,
depuis un ou deux de l'aréomètre, jusqu'au
dessus de quinze du même instrument. Les plus
foibles de toutes, celles qui n'ont passé que sur
une terre lessivée déja deux fois, se nomment
lavages; elles ne donnent que quelques degrés :
en les faisant passer sur deux terres lessivées
une seule fois, elles acquièrent quelques degrés
de plus, et deviennent de *petites eaux*; celles-ci
passées sur une troisième terre lessivée une fois,
deviennent *eaux fortes*; le passage à travers

une terre neuve ou non lavée, les rend. *eaux de cuite*, c'est-à-dire, au-dessus de dix degrés, et bonnes à être mises à la chaudière, pour être cuites ou évaporées.

2. L'eau qui a lessivé les terres ou plâtras salpêtrés, en a dissous non-seulement le salpêtre, mais plusieurs autres matières salines qui s'y trouvent, et spécialement du muriate de soude ou *sel marin commun*, des sels terreux formés par l'union des acides nitrique et muriatique avec la chaux et la magnésie, et dont l'ensemble constitue l'eau-mere. Ces deux genres de matières salines augmentent, en-même-temps que le nitre, la pesanteur des lessives, en sorte que les degrés indiqués par l'aréomètre, n'indiquent pas du salpêtre pur, et que souvent même ils sont presque tous dus à des sels étrangers.

3. On prouve facilement la présence de ces matières étrangères au nitre, par l'addition de différentes substances dans la lessive. Ces substances, telles que des dissolutions de divers alcalis et de quelques sels métalliques, indiquent dans les eaux, la chaux, la magnésie et l'acide muriatique, par la quantité et la nature des précipités ou dépôts qu'elles forment dans les lessives. On les y montre encore par les phénomènes et les progrès de l'évaporation, et par les propriétés du nitre qu'on obtient. Autrefois,

on attribuoit l'impureté du nitre, contenu dans les lessives, à des matières grasses, dont on cherchoit à le débarrasser par l'addition de différentes substances, et sur-tout de la cendre. On verra dans la cinquième leçon, d'où provenoit cette erreur, et comment on est parvenu à la reconnoitre et à la corriger.

4. Le salpêtrier a deux objets à remplir, en traitant ces lessives, pour en obtenir le salpêtre: l'un, de diminuer la quantité des sels étrangers, pour augmenter celle du salpêtre, en changeant ceux de ces sels qui en sont susceptibles en vrai nitre, ce qui se fait au moyen de la cendre ou de la potasse, comme on l'expliquera plus au long dans la cinquième leçon ; l'autre, de débarrasser le nitre du sel marin et des matières étrangères, qui le salissent et l'empêchent de faire de bonne poudre. Il remplit le second objet, en travaillant la lessive par l'évaporation.

5. Un sel dissous dans l'eau, et par conséquent le nitre dans la lessive des salpêtriers, s'en sépare par la chaleur, parce que l'eau est réduite en vapeur ou s'évapore dans l'air, au moyen du calorique ou de la matière de la chaleur qu'on y ajoute, tandis que le sel, qui n'est pas susceptible de se volatiliser ou de s'évaporer comme l'eau, reste au fond du vase où se fait l'évaporation. Ce fait est prouvé

facilement en dissolvant une livre de nitre dans six livres d'eau , et en faisant chauffer cette dissolution dans un vase ouvert jusqu'à ce que l'eau soit entièrement évaporée ou réduite ; on retrouve le sel sous forme solide. après cette évaporation. Il est facile de concevoir que plus la lessive sera riche en sel , et plus vîte , ainsi qu'à moindre frais, on en obtiendra le salpêtre ; ainsi il y a beaucoup d'avantage à évaporer les lessives bien chargées : elles sont bonnes lorsqu'elles sont à quinze degrés ; on les traite même avec avantage au-dessous de douze. Il faut savoir qu'au-dessus de quinze degrés , la pesanteur de la lessive ne tient souvent qu'à des sels calcaires, ou à l'eau-mere plutôt qu'au salpêtre.

6. Pour évaporer les lessives des terres sal- pêtrées , on se sert de chaudières de cuivre , dont le fond a la forme d'un œuf, qui sont établies dans des fourneaux de brique d'une construction simple , et dans lesquels on brûle du bois. La forme arrondie et alongée en œuf du fond des chaudières d'évaporation , tient à une erreur ancienne sur la communication de la chaleur. Il y a beaucoup d'avantage à em- ployer des vaisseaux moins profonds, et d'une plus large ouverture , parce que l'eau s'évapore en raison des surfaces. Le fond peut toujours

être arrondi comme celui des bassines, et le fourneau, moins haut dans son intérieur, consommera moins de combustibles.

7. A mesure que l'eau des lessives est chauffée, et sur-tout par les progrès de l'ébullition, la liqueur devient trouble ; il s'en précipite une quantité plus ou moins grande de terre et de sels terreux ; il se forme à la surface une écume blanchâtre et une pellicule composée de petits grains cubiques : ce qui trouble la liqueur dans les premiers lavages, est un mélange de plâtre ou de sulfate de chaux et de terres magnésiène et calcaire unies à l'acide carbonique ; l'écume et la pellicule sont dues à quelques matières impures, végétales ou animales, et sur-tout aux petits cristaux de sel marin ou muriate de soude, qui se séparent de la surface à mesure que l'eau s'évapore. Comme tous ces sels sont étrangers au salpêtre, et qu'il faut obtenir celui-ci débarrassé de tous ces corps, on enlève le sel marin avec une écumoire, on le jette dans un panier placé à côté de la chaudière.

On pourroit retenir ce sel sur une claie serrée ou sur un canevas qui traverseroit toute la liqueur. Le mouvement de l'ébullition, partant des parois de la chaudière, et se portant vers le centre, tous les corps qui troublent la liqueur

sont entraînés vers le milieu de la lessive, et
tendent à se déposer vers le fond de la chaudière et dans son centre : les salpêtriers profitent
de cette observation, et suspendent, à l'aide
d'une corde ou d'une chaîne de fer qui se
meut sur une poulie, un chaudron de cuivre
au fond et au milieu de la chaudière.

Ils retirent de-temps-en-temps ce vaisseau,
et séparent ainsi une grande quantité du dépôt
terreux, formé pendant l'évaporation : lorsque
les écumes sont diminuées, ainsi que le précipité terreux, on continue l'action du feu,
jusqu'à ce qu'en essayant la liqueur, on recon-
noisse qu'il s'y forme des cristaux de salpêtre
par le réfroidissement.

8. Comme il faut faire passer successivement
dans les chaudières la quantité de lessive suffisante pour qu'à la fin de l'évaporation elles
soient pleines d'une liqueur prête à cristalliser,
on place au-dessus et à côté des chaudières un
tonneau plein de lessive froide, qui en sort par
une canelle en un filet disposé de manière qu'il
fournisse à mesure de l'évaporation, et que le
vaisseau ne se désemplisse pas. Pour perfec-
tionner cet art de l'évaporation, on peut placer
à côté et à la suite de la chaudière un bassin
d'évaporation en plomb, soutenu sur des barres
de fer, et qui est échauffé par le fond du

fourneau ou par la cheminée de ce fourneau.
Par ce moyen, on commence à évaporer l'eau,
en l'élevant à près de cinquante degrés ; on
sépare même les sels terreux qui se déposent
au fond de ce bassin ; on fait ensuite passer
cette eau chaude, à l'aide de syphons, du
bassin dans la chaudière, ou par un robinet si
le bassin est plus élevé.

9. Quelques artistes recommandent de traiter
la lessive bouillante avec de la colle-forte, pour
la purifier et faciliter la séparation du salpêtre
d'avec les matières qui l'altèrent. Cette pratique
alonge l'opération, la rend plus difficile, et
n'est pas nécessaire.

10. Malgré la séparation des écumes et du
dépôt, la liqueur cuite jusqu'à l'évaporation
est souvent un peu trouble ; dans quelques
ateliers, on la porte dans une espèce de bassin
nommé *répuroir*, pour la laisser former son
dépôt ; lorsqu'elle est éclaircie, on la décante
dans les vases à cristalliser, qui sont ou de
cuivre ou de bois. Le refroidissement opère la
séparation et la cristallisation du salpêtre ; il se
dépose en une masse grenue et solide couverte
ordinairement de cristaux plus réguliers. Cette
cristallisation dure ordinairement trois jours.

11. Quelquefois la liqueur, quoique suffisam-
ment évaporée, ne donne point de cristaux. Les

salpêtriers disent alors que la lessive tourne à la graisse. Cela dépend de ce que le salpêtre y est trop peu abondant, et de ce qu'il y a beaucoup plus d'eau-mere ou de nitrate calcaire que de véritable salpêtre ou nitrate de potasse dans la lessive des terres ; et en effet il y a des plâtras et des pierres qui ne contiennent presque que du nitre terreux. Le seul remède à cet accident est l'addition de la lessive des cendres ou de la potasse ; cet objet sera indiqué plus au long dans la leçon où l'on traitera de l'eau-mere ; car la lessive qui ne cristallise point, et qui tourne à la graisse, est une véritable eau-mere.

12. Le salpêtre obtenu par l'opération qui vient d'être décrite, est ordinairement en pains ou en masses irrégulières, cristallisés confusément, d'une couleur jaune ou brune ; c'est le salpêtre de la première cuite. Il est mêlé de sel marin et de sels terreux ou d'eau-mere ; celle-ci attire l'humidité de l'air, en sorte qu'en gardant ce salpêtre dans des endroits humides, il se ramollit, il devient gras et même liquide au bout de quelques jours.

13. Le salpêtre de première cuite varie beaucoup dans la proportion de nitre, d'eau-mere et de sel marin qui le constituent. Il faut savoir trouver cette proportion, pour estimer sa qualité. La loi permet aux salpêtriers d'y laisser jusqu'à

trente pour cent de ces matières impures, mais accorde une indemnité pour celui qui est le plus pur, ou elle autorise à payer plus cher proportionnellement celui qui contient moins d'eau-mere et de sel marin; ensorte que l'industrie des salpêtriers est favorisée. Pour connoître le salpêtre de première cuite, et juger de sa qualité, on employe la simple dissolution dans l'eau, l'exposition à l'air humide, différents réactifs appropriés, le traitement par l'eau déja saturée de salpêtre pur qui n'enlève alors que l'eau-mere et le sel marin : l'expérience et l'habitude apprennent aussi à déterminer assez bien sa valeur au simple coup-d'œil.

QUATRIÈME LEÇON.

Du raffinage ou de la purification du salpêtre.

1. Le salpêtre de la première cuite, qu'on nomme encore salpêtre brut, est fort impur. Le nitre s'y trouve mêlé avec du muriate de soude ou du sel marin, du nitrate de chaux et du muriate de chaux qui forment l'eau-mere, et de terres calcaire et magnésiène unies à l'acide carbonique. Le premier de ces sels s'y démontre

par la saveur salée, et par la décrépitation sur
les charbons allumés. Les seconds s'y annoncent
par la couleur jaune, le tact gras et la déliquescence. On y prouve la présence des terres, parce
qu'elles restent, après qu'on a dissous tous les
sels dans suffisante quantité d'eau.

2. Le salpêtre brut ne peut pas être employé
pour faire de la poudre, parce que le sel marin
qui y est contenu nuit à son effet : l'eau-mere
la rend déliquescente, et la terre, ainsi que
les deux autres matières, en diminuent l'activité.

3. La chimie apprend que, pour purifier le
salpêtre brut, ou pour en séparer le nitre ou
nitrate de potasse d'avec le sel marin, les terres
et les sels terreux, on peut employer plusieurs
moyens : l'exposition à l'air humide fait peu-à-
peu liquéfier le nitrate et le muriate de chaux,
en sorte qu'on peut les enlever en faisant égoutter
le sel. La lessive dans l'eau froide, en petite
quantité, dissout le sel marin, sans toucher
au nitre, ou au moins, en n'en prenant qu'une
petite quantité. Une fois privé de l'eau-mere
et du sel marin, la dissolution dans l'eau bouillante, et la cristallisation par le refroidissement,
purifient tout-à-coup le salpêtre, en laissant à
part les terres qui ne peuvent pas se dissoudre.

4. Ainsi, pour purifier du salpêtre de la première cuite, on pourroit le laisser d'abord

exposé à l'air , afin de faire dissoudre par déliquescence les sels terreux, et les séparer sous la forme d'eau-mère en les égouttant ; lessiver ensuite avec le huitième environ de son poids d'eau le salpêtre pour enlever le sel marin, le fondre après dans la moitié de son poids d'eau bouillante, et mettre en cristallisation ; ce qui feroit trois opérations dont la première seroit très-longue. Le brut que l'on garde en magasin est placé sur une espèce de plancher élevé de quelques pouces au-dessus du sol ; celui-ci formé de dalles bien jointes , ou couvert de plomb , conduit l'eau-mere qui se liquéfie peu-à-peu dans un bassin disposé de manière que le terrain s'abaisse vers lui. Il est donc évident qu'en gardant le salpêtre brut à l'air , il se raffine peu-à-peu par la perte de son eau-mere.

5. Mais ces moyens chimiques sont trop longs et trop minutieux, pour pouvoir être employés en grand avec avantage. Il faut dans les arts des procédés expéditifs et simples ; il ne faut pas multiplier les expériences et les manipulations ; il faut sur-tout ménager beaucoup le temps. Aussi l'art de raffiner le salpêtre est-il beaucoup moins compliqué que ce qui vient d'être exposé ci-dessus. C'est par une simple dissolution dans l'eau bouillante en petite quantité, par l'emploi de la colle, et par la cristal-

lisation repétée deux fois de suite , que ce raffinage s'opère.

6. Dans les ateliers de raffinage, on met deux mille livres de salpêtre de la première cuite dans une chaudière de cuivre placée sur son fourneau , et l'on y ajoute environ seize cents livres d'eau ; on fait dissoudre par la chaleur ; on enlève l'écume qui monte rapidement à la surface ; on y jette ensuite douze onces de colle-forte, dissoute dans dix pintes d'eau bouillante , et mêlée avec quatre seaux d'eau froide ; cette addition refroidit la lessive. On agite beaucoup la liqueur : elle reprend bientôt son bouillon ; on l'écume avec soin ; on ajoute de l'eau froide à diverses reprises , pour favoriser la formation et la séparation des écumes qu'on enlève jusqu'à ce qu'elles cessent de se former; on sépare, à l'aide d'une grande cuiller percée, le sel marin qui se cristallise à la surface , et on le met égoutter dans un panier , placé au-dessus de la chaudière. On enlève , avec un puisoir , toute la liqueur : on la vide dans des bassins de cuivre qui ont un couvercle de bois , et qu'on a soin d'étouper exactement, afin d'empêcher le contact de l'air ; on l'y laisse refroidir en repos pendant quatre ou cinq jours; le salpêtre s'y cristallise : on l'égoutte ensuite , et c'est ce qu'on nomme *salpêtre de la seconde*

cuite. Il est beaucoup plus blanc et il n'est presque plus déliquescent ; le nitre y est débarrassé de toute la terre , de presque toute l'eau-mere ; mais il retient encore trop de sel marin pour servir avec avantage à la fabrication de la poudre. On lui fait subir un second raffinage ou une troisième cuite , à moins d'eau que la première fois.

7. On met pour cela deux mille livres de salpêtre de deux cuites ou de la seconde cuite dans une chaudière de cuivre , on verse par-dessus le quart de son poids d'eau , et on donne le feu. Lorsque la dissolution du salpêtre est faite à l'aide de la chaleur , on en sépare les écumes à l'aide de huit livres de colle-forte ; seulement dans cette seconde opération , on rafraîchit la liqueur avec un ou deux seaux d'eau froide , on brasse bien pour former de nouvelles écumes qu'on enlève avec soin. Lorsque la liqueur est bien nette et qu'elle ne donne plus d'écume , on la met en cristallisation dans les bassins , on en retire les pains de salpêtre cinq jours après, on les met égoutter en les plaçant de champ et inclinés au-dessus des bassins. Toute l'eau-mere étant ainsi bien séparée , on laisse le salpêtre sécher lentement à l'air. Il faut six ou sept semaines pour cette dissication. Alors il est sous la forme de pains

solides, d'un blanc éclatant ; c'est le salpêtre de troisième cuite, assez pur pour la fabrication de la poudre. Dans son milieu on trouve des cristaux groupés qu'on nomme *nitre en baguettes*.

8. La théorie de ce raffinage en deux cuites est fort simple : la terre, composée de carbonate de chaux ou *craie*, et de carbonate de magnésie ou *magnésie blanche*, n'étant pas dissoluble dans l'eau, reste sans se dissoudre, et se sépare avec les écumes, ou se précipite au fond de la chaudière, en sorte qu'on ne l'enlève point avec le puisoir. Le sel marin ou muriate de soude, moins dissoluble que le nitre pur, se dépose en partie avec la terre, et celui qui se dissout, étant cristallisable par l'évaporation, se rassemble à la surface de l'eau, et fait partie des écumes. Les sels terreux déliquescents, le nitrate de chaux et le muriate de chaux, étant extrêmement dissolubles, et ne pouvant pas se cristalliser, restent dissous dans la liqueur qui surnage les cristaux, et forment l'eau-mere, dont l'examen et le traitement feront l'objet de la leçon suivante. On voit donc que ces opérations tendent toutes à isoler ou à séparer le salpêtre pur, ou le nitrate de potasse : il faut remarquer à l'égard de ce sel, que quoiqu'il soit vrai, comme on l'a dit dans la première leçon, que l'eau bouillante ne dissout que trois fois son poids de

nitrate de potasse ou de nitre pur, ce qui a lieu en effet lorsqu'on jette le sel dans l'eau à 80 degrés, si l'on chauffe cette dissolution, elle devient susceptible d'en dissoudre davantage ; aussi ne recommande-t-on ici, dans la deuxième cuite, que vingt-cinq livres d'eau pour cent de salpêtre ; on sait même que seize livres d'eau peuvent suffire pour fondre, par la chaleur, cent livres de salpêtre, et cette dernière proportion a été indiquée dans quelques instructions sur le raffinage ; mais elle est trop foible, et elle a l'inconvénient de former une liqueur trop épaisse, trop difficile à brasser, et qui expose les chaudières à être percées ou déchirées vers le fond.

9. Quoique la méthode de raffinage qui vient d'être décrite réussisse complétement, le génie révolutionnaire avoit besoin d'une marche plus rapide, et il a créé une méthode nouvelle qui peut suppléer l'ancienne, et qui est fondée sur les principes les plus exacts de la chimie. Le sel marin étant aussi dissoluble à froid qu'à chaud, tandis que le salpêtre pur se dissout difficilement dans l'eau froide, et abondamment dans l'eau chaude, il est évident que si on laisse macérer pendant quelques jours le salpêtre brut dans l'eau pure, cette eau dissoudra beaucoup de sel marin, tous les sels à base terreuse, et

fort

fort peu de salpêtre. Ainsi, par des lavages suc-
cessifs et assez abondants , on pourroit parvenir
à purifier complétement le salpêtre brut, sans être
obligé de le dissoudre à chaud , s'il ne contenoit
que du sel marin et des sels terreux déliquescents ; mais ce salpêtre , comme on l'a dit ,
est en outre mêlé de beaucoup de terre que le
lavage ne peut emporter. Il est donc indispensable de le dissoudre au moins une fois pour
le filtrer, ou pour retirer, par le dépôt ou la dé-
cantation, toutes les parties terreuses.

10. On concasse ou on écrase le salpêtre brut,
afin que l'eau puisse bien dépouiller tous les
cristaux des matières étrangères ; on le met dans
un cuvier percé d'un trou à son fond , et garni
d'une champleure avec sa broche ; on l'arrose
de vingt pour cent de son poids d'eau de rivière
froide ; on brasse et on laisse macérer trois jours
en agitant le mélange par intervalle ; on égoutte
le salpêtre en ouvrant la champleure ; on l'arrose
de nouveau avec dix pour cent de son poids
d'eau ; on brasse bien, et après quelques heures ,
on le laisse égoutter complétement : enfin , on
l'arrose une troisième fois de cinq pour cent
de son poids d'eau. Le salpêtre brut , dans cet
état , est dépouillé de la totalité des sels terreux
déliquescents et de la plus grande partie du sel
marin. On le met alors dans une chaudière de

C

cuivre; on le dissout dans quatre-vingts pour cent de son poids d'eau bouillante ; on filtre la liqueur toute chaude à travers une couverture de laine ; on la fait cristalliser à la manière ordinaire ; enfin on met à l'égout le salpêtre cristallisé , dans des chausses placées dans une étuve ; quatre jours après, ce sel est assez pur et assez sec pour être employé à la fabrication de la poudre.

CINQUIÈME LEÇON.

De la nature et du traitement des eaux-meres du salpêtre.

1. ON a dit dans les leçons précédentes, qu'après la cristallisation du salpêtre de première cuite , ainsi qu'après celle du nitre de seconde et de troisième cuite dans le raffinage, il reste un liquide plus ou moins épais qui surnage les cristaux et qui ne prend pas lui-même la forme cristalline. C'est ce liquide qu'on nomme *eau-mere.*

2. L'eau-mere est principalement formée de deux sels calcaires, savoir de nitrate de chaux , et de muriate de chaux , qu'on nomme aussi sels

terreux, sels déliquescents ; le premier est beaucoup plus abondant que le second. Ces deux
sels sont peu cristallisables, ils attirent beaucoup
l'humidité de l'air, ils sont très-dissolubles ; le
quart de leur poids d'eau suffit pour les tenir
liquides. On ne les dessèche qu'avec peine par
la chaleur ; leur dissolution est épaisse, visqueuse
et comme grasse sous les doigts ; c'est leur présence plus abondante que celle du vrai nitre
ou nitrate de potasse dans un grand nombre
de terres et de pierres, qui rend les cuites si
difficiles à cristalliser, et qui les fait tourner
à la graisse.

3. L'eau-mere contient, outre les sels précé-
dents un peu de vrai nitre trop empâté pour
pouvoir l'obtenir facilement ; aussi, lorsque les
salpêtriers la jettent sur leurs plâtras, nuit-elle
plus souvent à leur lessive qu'elle ne l'enrichit.
Il y a aussi un peu de sel marin et quelquefois
une matière colorante extractive dans l'eau-mere.
On sait actuellement pourquoi il est essentiel
de séparer, le plus exactement possible, ces
sels formant l'eau-mère, d'avec le vrai nitre ou
nitrate de potasse.

4. Les chimistes prouvent encore par leurs
expériences que l'eau-mere du nitre contient
d'autres sels terreux, et particulièrement du
nitrate de magnésie. Ils en démontrent la

présence en versant de l'eau de chaux et de l'ammoniaque dans l'eau-mere étendue d'eau ; ils obtiennent ainsi un précipité léger et floconeux qui , recueilli, lavé et séché , forme une terre blanche , légère , fade , qu'on nomme magnésie. Comme on emploie cette terre en médecine, et comme on l'a jusqu'ici tirée en grande quantité de l'Angleterre , il est essentiel de savoir que dans le travail des eaux-mères du nitre , on peut la précipiter par l'eau de chaux, et en obtenir cette terre assez abondamment pour les besoins de la République. C'est un art simple qu'on n'a point encore établi assez en grand en France , et que les chimistes ont cependant fait connoître depuis plusieurs années. Il est lié intimement , comme on voit , à celui du salpêtrier.

5. Quand on connoît bien la nature des eaux-meres du nitre , il est bien aisé de les travailler pour en tirer parti. Le nitrate de chaux ou nitre à base terrreuse faisant la plus grande partie de ces liqueurs , et contenant un des principes du nitre , l'acide nitrique , il ne s'agit plus que d'ajouter l'autre principe qui manque ; cet autre principe est l'alcali fixe nommé potasse ; et comme cet alcali a plus d'attraction pour l'acide nitrique , que n'en a la chaux , en mêlant la potasse avec l'eau-mere, le nitrate calcaire est décomposé , la chaux est

précipitée ; il se forme du vrai nitre ou nitrate de potasse, qui peut alors être cristallisé, raffiné et employé à la fabrication de la poudre. C'est ce qu'on fait dans le traitement des eaux-mères du nitre : on les étend d'eau jusqu'à ce qu'elles soient parvenues à quinze degrés de l'aréomètre. On y verse une dissolution froide de potasse, également à quinze degrés ; on laisse déposer la terre calcaire qui se précipite ; on décante la liqueur et on l'évapore, ou on la cuit, pour en obtenir le salpêtre pur. La terre déposée sert, après avoir été lavée, à la formation des nitrières artificielles.

6. On peut diminuer la quantité d'eau-mere, et augmenter celle du vrai salpêtre, dès la première cuite des lessives, en y ajoutant, avant de les évaporer, de la potasse, ou une grande quantité de cendre qui contient l'alcali de la potasse, et qui décompose le nitrate calcaire.

7. Il y a quelques sels qui, contenant de la potasse, peuvent aussi servir à décomposer les eaux-mères du nitre, et à les convertir en nitrate de potasse, ou vrai salpêtre ; tels sont le sulfate de potasse, le muriate de potasse et le tartre. Le premier de ces sels se trouve assez abondamment dans les cendres d'un grand nombre de végétaux. Il contribue à purifier les lessives de salpêtre, lorsqu'on les fait passer à

travers les cendres. On peut employer, pour
le traitement des eaux - meres du nitre, le
residu du mélange du soufre et du nitre brûlé
dans des chambres de plomb, pour faire l'acide
sulfurique ou vitriolique. Mais les cendres
contenant l'alcali fixe trop peu mélangé et
trop peu abondant, le sulfate de potasse qui
ne se trouve que dans quelques laboratoires de
chimie ou d'arts chimiques, étant lui-même
en quantité fort inférieure à celle qui est nécessaire pour le traitement des eaux-meres du
nitre, c'est sur la potasse qu'il faut porter toute
son attention.

8. La potasse est une espèce d'alcali fixe,
c'est-à-dire, de sel d'une saveur urineuse,
changeant en verd la couleur bleue de beaucoup
de végétaux, et ne se volatilisant pas au feu ;
on le retire plus ou moins abondamment de
tous les végétaux brûlés. En Suéde, en Russie,
et dans le nord de l'Europe, on brûle du bois
en quantité, on en calcine et on en vitrifie
même la cendre par le grand feu qu'on lui fait
subir. Dans quelques lieux, on lessive la cendre
du bois à l'eau chaude ou à l'eau froide, on
l'évapore à siccité, ce qui forme le *salin*, et on
calcine ce sel dans un fourneau de réverbère,
pour le convertir en potasse. On ne fait en
France que très-peu de potasse avec du bois,

et on n'y fabrique presque que du salin avec
des cendres de différentes plantes. Il est essentiel
de multiplier les fabriques de potasse dans les
forêts que leur emplacement ne permet pas
d'exploiter. La Convention a décrété pour cette
année, une seconde coupe qui pourra fournir
abondamment le bois nécessaire à la fabrication
de la potasse. Il sera publié incessamment une
instruction sur la fabrication de ce sel.

9. En attendant que l'art de faire de la
potasse par la combustion des bois soit assez
multiplié dans la République, il faut tirer parti
de toutes les substances qui contiennent cette
espèce d'alcali. Les cendres de bois, les lessives
domestiques peuvent être employées et le sont
déja avec avantage. La soude substituée à la
potasse dans les verreries et dans un grand
nombre d'ateliers, ménagera ce sel pour la
fabrication du salpêtre. On pourra se procurer
de la potasse en se servant du tartre qui a servi
aux chapeliers, au décapage et au blanchiment
des métaux, de la potasse qui a été employée
au lavage des planches d'imprimerie, en re-
cueillant les lies de vin et de vinaigre, en brûlant
les feuilles perdues, et sur-tout les plantes qui
fournissent le plus de salin, telles que les fou-
gères, l'absinthe, les tiges de sarrazin et de
maïs, les marcs de raisin sortant du pressoir.

DÉVELOPPEMENTS

Sur la composition des sels dont il a été parlé précédemment, et sur l'action que ces sels exercent les uns sur les autres.

Chacun des sels dont il a été parlé précédemment est un composé d'un acide uni à une autre substance, soit alcaline, soit terreuse.

Il y a trois acides différents, deux substances alcalines et deux substances terreuses, qui peuvent concourir à la formation de ces sels ; savoir, *l'acide sulfurique, l'acide nitrique, l'acide muriatique, la potasse, la soude, la chaux, la magnésie.*

L'acide sulfurique est composé de soufre et d'oxigène, unis ensemble par la combustion. On fait actuellement cette combustion dans une chambre de plomb ; et pour qu'elle réussisse mieux, on ajoute une livre de nitre ou nitrate de potasse, pour neuf livres de soufre ; le nitre aide la combustion, en fournissant de l'oxigène. L'acide sulfurique formé absorbe l'humidité de l'air ; et tombe , comme une espèce de pluie ou brouillard , sur le plancher de la chambre. On l'en retire , et comme il contient un peu trop d'eau , et qu'il est sali et coloré par quelque peu de poussière qui vole toujours dans l'air , on le fait bouillir dans des vaisseaux de verre , ce qui lui fait perdre et sa couleur et son eau surabondante.

L'acide nitrique est composé d'azote et d'oxigène, comme il a été expliqué : il se forme par la décomposition lente des matières animales.

L'acide muriatique se trouve tout formé dans le sel marin ou *muriate de soude* , ainsi nommé parce que l'*acide muriatique* y est uni à de la *soude*.

La potasse est contenue dans les plantes , dans la cendre desquelles on la trouve.

La soude , autre espèce d'alcali , est contenue dans le sel marin et dans quelques plantes marines. Elle n'y est pas combinée à l'acide muriatique ; elle se trouve dans la cendre de ces plantes , que l'on brûle et que l'on calcine dans des fosses pour en former ce qu'on appelle *soude* , dans le commerce.

La *chaux* ou terre calcaire se trouve dans les pierres à chaux : elle en est retirée par l'action du feu ou la calcination.

La *magnésie* est une terre qui existe dans beaucoup de terrains et de pierres ; purifiée convenablement , elle est employée en médecine.

On appelle *combinaison saline* , ou sel neutre, l'union que chacun des acides peut contracter avec l'un ou l'autre des alcalis nommés , l'une ou l'autre des terres dont il a été parlé.

Cette union est telle , que l'acide perd son aigreur , que la potasse et la soude perdent leur goût , que la terre est devenue plus ou moins soluble dans l'eau , et que le nouveau sel qui est formé a un goût nouveau , des propriétés nouvelles.

On appelle *sulfates* , *nitrates* , *muriates* , les sels qu'on obtient en unissant les acides sulfurique , nitrique , muriatique , aux alcalis, aux terres ; et pour distinguer ces sels , on ajoute le nom de l'alcali ou de la terre contenue dans chacun d'eux.

Ainsi, l'acide sulfurique et la potasse, unis ensemble, donnent du *sulfate de potasse*.

L'acide sulfurique et la soude , *du sulfate de soude*.

L'acide sulfurique et la chaux, *du sulfate de chaux*.

L'acide sulfurique et la magnésie, *du sulfate de magnésie.*

L'acide nitrique et la potasse, *du nitrate de potasse.*

L'acide nitrique et la soude, *du nitrate de soude.*

L'acide nitrique et la chaux, *du nitrate de chaux.*

L'acide nitrique et la magnésie, *du nitrate de magnésie.*

L'acide muriatique et la potasse, *du muriate de potasse.*

L'acide muriatique et la soude, *du muriate de soude.*

L'acide muriatique et la chaux, *du muriate de chaux.*

L'acide muriatique et la magnésie, *du muriate de magnésie.*

Tous ces sels, une fois formés, peuvent être décomposés ou changés de plusieurs manières :

1.º Lorsqu'on ajoute à un de ces sels un acide qui a plus de force que le sien pour s'unir à l'alcali ou à la terre qui est dans ce sel, cet acide plus fort en chasse l'autre.

2.º Si l'on ajoute à un de ces sels une terre

ou un alcali qui ait plus de force pour s'unir à son acide que l'alcali ou la terre qui se trouve dans ce sel, celui-ci ou celle-ci est chassée.

3.º Si on ajoute un sel à un autre sel, il peut arriver un double échange, l'acide de l'un des sels allant s'unir à la terre ou à l'alcali de l'autre sel, et l'acide de celui-ci allant joindre la terre ou l'alcali que le premier acide a abandonné.

Il y a enfin d'autres cas où les sels dont nous avons parlé se décomposent; mais la connoissance de ces cas est inutile à la fabrication du nitre ou salpêtre.

Les leçons précédentes ont fait connoître plusieurs des changements qu'amènent les différents mélanges d'un sel avec un acide différent du sien, avec une terre, un alcali, un autre sel; chacun de ces changements va être rappellé ici avec quelques observations.

L'acide sulfurique versé sur le nitrate de potasse en dégage l'acide nitrique, il reste du sulfate de potasse. (*Voyez première Leçon N.º 14.*)

L'acide sulfurique versé sur du muriate de soude en dégage l'acide muriatique, il reste du sulfate de soude. C'est un des moyens d'avoir à nud l'acide muriatique.

La potasse mêlée au nitrate de chaux et de magnésie les décompose ; la chaux et la magnésie vont au fond du vase , et il reste dans l'eau du nitrate de potasse. (*Voyez cinquième leçon , N.º 5.*)

La potasse décompose aussi le muriate de soude ; la soude se sépare , il se forme du muriate de potasse. On a proposé de décomposer par ce moyen le muriate de soude ou sel marin ; mais ce procédé n'est pas encore assez perfectionné pour pouvoir être employé avec avantage.

La chaux décompose le muriate et le nitrate de magnésie. (*Voyez cinquième leçon, N.º 4.*)

Le sulfate de potasse décompose le nitrate de chaux (*cinquième leçon, N.º 7*) : de cette décomposition résulte du nitrate de potasse et du sulfate de chaux. Ce dernier ne peut rester dissous qu'en très-petite quantité , et se précipite en très-grande partie sous la forme d'une poussière blanche qui ne se dépose que lentement.

Le muriate de potasse décompose le nitrate de chaux (*voyez cinquième leçon , n.º 7*). De cette décomposition résulte du nitrate de potasse et du muriate de chaux , qui reste dissous dans très-peu d'eau , et par conséquent demeurera dans les eaux-mères après la cristallisation du nitrate de potasse.

Les cendres des végétaux et la potasse qu'on en prépare contiennent le plus souvent, outre la potasse proprement dite, du muriate de potasse et du sulfate de potasse. On voit, d'après ce qui a été dit, que lorsqu'on emploie les lessives des cendres ou la potasse, il se forme et du muriate de chaux et du sulfate de chaux. Ce dernier se précipite avec les terres qu'a dégagées la potasse proprement dite ; mais le muriate de chaux reste dans les eaux-mères.

Nous avons vu que la potasse décomposoit le muriate de soude, que le muriate de potasse qu'on obtenoit décomposoit le nitrate de chaux ; on pourroit donc espérer de trouver un certain avantage à décomposer le sel marin ou muriate de soude au moyen de la potasse, pour en avoir la soude, sans qu'il y eût de potasse de perdue ; puisqu'elle se retrouveroit dans le muriate de potasse qui en résulteroit, et que ce muriate décomposeroit autant de nitrate de chaux que la potasse elle-même en auroit pu décomposer. Cependant il sera prudent de n'employer cette méthode que lorsqu'elle sera perfectionnée, qu'on pourra économiquement séparer la soude d'avec le muriate de potasse dans la première opération, éviter de perdre beaucoup de nitrate de potasse qui resteroit dans les eaux-mères, et seroit difficile à en

extraire , et parer à quelques autres incon-
vénients ; mais nous pouvons tout espérer du
génie , de l'industrie et du travail des républicains.

SIXIÈME LEÇON.

De l'art de la fabrication de la poudre, suivant les procédés en usage dans les ateliers de l'agence nationale.

La poudre est composée de nitre pur ou salpêtre de trois cuites, de charbon et de soufre.

La meilleure poudre est celle qui s'enflamme
le plus instantanément, qui, en moindre dose,
produit plus d'effet, et altère le moins les armes.

Ces propriétés dépendent , 1.º de la qualité
des matières ; 2.º des proportions de composition ; 3.º de l'exactitude du mélange.

1. Le nitre doit être exempt de tous sels
étrangers.

Tous les bois ne sont pas bons pour faire
le charbon qui entre dans la composition de
la poudre ; il faut un bois tendre, qui donne
un charbon léger : on donne , en France , la

préférence au charbon de bourdaine. (*Rhamnus frangula.* Linn.)

Le charbon est un des ingrédients les plus nécessaires , comme substance combustible qui détermine subitement la décomposition de l'acide du nitre , et sa résolution en gas.

Le soufre est une substance minérale qu'on retire des pyrites, ou sulfures métalliques , par la sublimation , ou que l'on trouve sublimé dans les environs des volcans.

Le soufre doit être purifié ou séparé par la fusion de toutes matières terreuses et salines ; on le fond à une douce chaleur , dans une chaudière de fer : les corps légers s'élèvent à la surface, d'où on les enlève avec une écumoire de fer ; les plus lourds se précipitent au fond ; on entretient quelque temps la fusion en évitant de porter la chaleur à un degré capable de produire l'inflammation ou la sublimation ; lorsque la surface est nette , on puise avec des cuillers le soufre fluide , et on le jette dans des tonneaux , où il se refroidit promptement , et se cristallise en masses irrégulières : on a soin de ne pas vider la chaudière jusqu'au fond , pour ne pas remêler les matières qui s'y sont précipitées.

Le soufre , ainsi purifié , n'attire pas l'humidité de l'air ; il a la propriété de s'unir à la

partie

partie oxigène de l'air, à une température peu
élevée, c'est-à-dire, de s'enflammer facilement,
et de propager rapidement l'inflammation du
charbon et du nitre ; il sert enfin à donner aux
grains de la poudre une consistance, une dureté
qui l'empêche de se réduire en poussière dans
le transport.

2. Les proportions de composition de la poudre
ont beaucoup varié ; les derniers réglements
fixent seulement la quantité de nitre à 75 pour
100 : dans la pratique actuelle, on met en
effet trois quarts de nitre, un demi-quart de
charbon et un demi-quart de soufre.

On ne met que 61 livres de nitre pour 100
livres de poudre de mines.

La poudre appellée de traite ne diffère guères
de celle de mines que parce qu'elle est en plus
petits grains et lissée.

3. Le mélange ne peut être exact que par
la pulvérisation et la trituration.

Le soufre est pulvérisé d'avance et passé au
tamis. Toutes les matières étant réunies dans
les proportions indiquées, et distribuées dans des
vaisseaux de bois par parties de vingt livres,
on les porte au moulin.

Une roue à aubes ou à pots, mue par un
courant d'eau, fait tourner deux arbres dont

D

chacun est garni de douze cames qui lèvent alternativement un pareil nombre de pilons.

Les pilons, rangés sur deux files, sont contenus entre deux jumelles; ils sont de bois, garnis à l'extrémité d'une boîte de cuivre fondu. Leur élévation est de quatorze pouces; ils pèsent en tout quatre-vingts livres, et battent de cinquante à cinquante-cinq coups par minute. Au-dessous sont autant de mortiers creusés dans une forte piéce de bois solidement établie sur un massif de maçonnerie, et maintenue par des fers.

Chacun de ces mortiers étant chargé de vingt livres de mélange, on l'arrose d'une pinte d'eau; l'on remue avec une spatule de bois ou un bâton, et on lève la vanne pour faire jouer les pilons.

La durée du battage étoit précédemment de vingt-une heures, on l'a déja réduite de quelques heures; elle peut être bornée à douze en rapprochant et multipliant les rechanges.

On appelle *rechange*, l'opération qui se fait régulièrement à différents intervalles, et dont l'objet est de disposer la matière contenue dans les mortiers, pour que l'action du pilon y produise plus d'effet pour le broiement et le mélange, et pour prévenir en-même-temps le danger de l'inflammation par une percussion répétée sur une matière tassée par les premiers coups, durcie à un certain point dans le fond des mortiers, et qui commence à s'échauffer par le mouvement.

Le rechange est donc une opération indispensable, et qui mérite la plus grande attention. Pour l'exécuter, on commence par arrêter la roue et relever les pilons, que l'on arrête en y passant une cheville au-dessus de la moise.

On vide ensuite le premier mortier de chaque file, et on met la matière dans une caisse de bois appellée couloir. On passe la matière du second mortier dans le premier, celle du troisième dans le second, et ainsi successivement jusqu'au dernier, dans lequel on verse ce qui a été mis dans le couloir. Les mortiers doivent être complétement vidés, les culots des fonds brisés, les parois bien nétoyées de la poudre qui s'y est attachée. Chaque ouvrier a pour cela une *main*, qui est une lame de cuivre un peu courbée.

On fait ordinairement sept ou huit rechanges; le premier, une heure après le chargement; les autres de trois heures en trois heures : on arrose à chaque fois d'un peu plus ou un peu moins de huit onces d'eau, suivant la saison et l'état de sécheresse ou d'humidité. de la matière.

Le battage fini , la composition est retirée des mortiers et portée en un lieu sec où on la laisse séjourner quelques jours pour s'essorer, c'est-à-dire , perdre son humidité surabondante et acquérir un peu de consistance.

De là elle passe au grainoir. On en met une certaine quantité sur un crible formé d'une peau tendue et percée de trous fort rapprochés de deux lignes de diamètre. On place sur la poudre un tourteau de bois dur de cinq pouces de diamètre et d'un pouce d'épaisseur. On agite circulairement le crible , et le tourteau pressant la poudre , la force de passer par les trous du crible , en grains un peu anguleux.

On repète l'opération sur un crible dont les trous sont plus petits, et l'on obtient la *poudre de guerre.*

Cette poudre se trouvant mêlée de poudre fine et de poussier , on sépare la première au moyen d'un troisième grainoir, le second par des tamis.

Pour donner la dernière façon à la *poudre fine* , on la porte dans des tonneaux qui , tournant sur leur axe par le moyen d'un courant d'eau , produisent entre les grains de poudre un frottement qui les polit. Chaque tonneau contient deux cents livres, la poudre y reste douze heures ; c'est ce qu'on nomme le *lissage*.

La poudre fine grainée et lissée est étendue sur des tables de bois garnies de toiles, pour sécher à l'air ou au soleil.

La poudre de guerre passe immédiatement du grainoir au séchoir.

Ces poudres étant sèches sont encore repoussetées ou repassées sur le tamis pour en séparer le poussier.

Ces poudres se mettent dans des barils de cent ou de deux cents livres. La poudre est d'abord enfermée dans un sac d'une toile serrée ; les barils de deux cents sont recouverts d'une chappe.

Le poussier séparé par le tamis est reporté au moulin, où, après l'arrosage et un battage de deux ou trois heures, il redevient susceptible de donner du grain.

Il existe à Essonne un moulin où les mortiers sont remplacés par une table de pierre calcaire ou meule gissante, et les pilons par deux meules verticales, de même pierre, mises en mouvement par l'arbre qui porte leurs essieux. La poudre ainsi préparée étoit d'une qualité supérieure ; le peu de produit de ce travail et le danger auquel il exposoit les ouvriers l'ont fait abandonner, dès qu'on ne s'est plus cru obligé de payer de la vie des hommes les plaisirs des despotes.

La poudre dont les effets ne sont jamais assez terribles lorsqu'on s'en sert contre les bêtes féroces et les tyrans, peut devenir funeste à ceux qui la préparent, s'ils commettent la plus légère imprudence ; ce qui doit rendre la police de ces ateliers très-sévère pour leur propre sureté.

SEPTIÈME LEÇON.

Procédé révolutionnaire pour la fabrication de la poudre de guerre.

ON a pu juger, à la précédente séance, des difficultés de multiplier les produits de la fabrication de la poudre, par la méthode ordinaire ; la construction de nouveaux moulins auroit seule exigé plusieurs mois. L'ardeur des républicains ne pouvoit s'accommoder d'une marche aussi lente. La Convention nationale a mis en réquisition tous les talents, toutes les pensées des hommes exercés dans les arts ; l'un d'eux a présenté un projet suivant lequel on pouvoit se passer de meules , de pilons , de moulins, et convertir en quelques jours le salpêtre en poudre . Le procédé a été essayé, ses produits éprouvés, ses moyens adoptés ; c'est un nouvel art qui s'apprend aussi facilement qu'il s'exécute.

On met dans un tonneau de trente-deux pouces de longueur sur seize de diamètre intérieur , cinquante-quatre livres de salpêtre , neuf livres de charbon , et neuf livres de soufre pulvérisé et tamisé , en tout soixante-douze livres de matière. On y ajoute deux cents globes ou boules de cuivre de douze lignes chacune de diamètre , pesant ensemble de quarante-cinq à cinquante livres.

Ce baril est traversé par un axe en fer revêtu de bois , qui porte à chaque bout une manivelle coudée. Le baril se place entre deux treteaux garnis de crapaudines en cuivre sur lesquelles roule l'axe du baril.

Deux hommes , relevés par intervalle par deux autres , tournent ce baril pendant douze heures ; au bout de ce temps la matière est triturée de manière à passer à travers les tamis de soie les plus serrés. Le mélange du salpêtre , du charbon et du soufre est aussi exact qu'il peut l'être après vingt-quatre heures de battage sous les pilons ; et la poudre, pour être parfaite, n'a plus besoin que d'être grainée.

Pour pouvoir grainer la poudre, il faut, à la faveur d'un peu d'humidité, lui donner du liant, et réunir les molécules des trois matières qui la composent par une pression suffisante.

On y parvient par les moyens suivants.

On charge de la poudre en poussier un plateau de bois bien dressé, de deux pieds de longueur sur douze à quinze pouces de largeur, bordé dans tout son pourtour d'un rebord de quatre lignes de hauteur et autant de largeur ; on passe une règle sur ce rebord pour distribuer également la poudre sur toute la surface du plateau.

On applique un second plateau sur le premier ; une feuillure de trois lignes de profondeur règne dans tout son pourtour pour recevoir la languette ou rebord du plateau inférieur. Par ce moyen la poudre est uniformément pressée. On place ainsi jusqu'à trente plateaux les uns sur les autres. Tous ces plateaux portent le rebord dont il est parlé ci-dessus sur une de leurs faces, et la feuillure sur l'autre.

Ces trente plateaux ainsi disposés sont pressés

par un long levier, fixé solidement par un de
ses bouts sous un chapeau de charpente ou tout
simplement sous une poutre, et chargé à l'autre
extrémité d'un poids suffisant pour que les plateaux réduisent la couche de poussier, de quatre
lignes d'épaisseur, qu'elle a avant la pression,
à une seule ; ce qui s'opère facilement et sans
grande peine, en prolongeant les bras du levier
qui porte les poids.

Les pressoirs à vin, à cidre, &c. qui existent
en plusieurs endroits peuvent servir à cette
opération. Une simple presse à vis remplira le
même objet, pourvu que les pas en soient assez
lents et que le bâtis en soit construit solidement.
Après la pression, on trouve sur chaque plateau
une couche ou galette de poudre, qui exposée
à l'air pendant quelques heures pour perdre le
peu d'humidité qu'elle pouvoit retenir, acquiert
toute la consistance nécessaire pour être grainée,
et fournit un grain plus dense et plus dur que
celui qu'on obtient par les procédés en usage.

Le grainage de cette poudre se fait en
étendant les galettes obtenues par la pression,
sur un corps mollet, par exemple, sur un
drap double ; et en passant sur ces galettes et
dans le sens de leur largeur, un rouleau de
bois cannelé. Elles se divisent sous ce rouleau

en lames de peu de largeur ; on repasse ensuite le rouleau sur ces lames, dans le sens de leur longueur ; elles se divisent en cubes d'une ou deux lignes carrées.

Cette poudre peut être employée dans cet état sans inconvénient. Cependant, si on en trouvoit le grain trop gros, ou si l'on jugeoit préférable de l'arrondir, il suffiroit d'en mettre une certaine quantité dans un tonneau à lisser, et de l'y manipuler pendant quelques heures.

On rend l'opération du grainage encore plus facile et plus expéditive par le procédé suivant.

Avant de garnir le plateau inférieur du poussier de poudre, on étend dessus une toile à canevas, faite avec un fil rond et fort, et dont les mailles forment autant de trous carrés d'une ligne ; on charge ensuite de poussier, et on presse. Les fils du canevas s'impriment dans la galette de poudre, et lorsqu'on passe le rouleau sur cette galette, elle se divise en autant de cubes que les fils en ont tracés.

Un des grands avantages de cette méthode, c'est que presque toute la poudre vient en grains d'une grosseur peu différente de celle de la poudre de guerre connue, et qu'elle ne laisse presque point de poussier ; tandis qu'on ne peut grainer la pâte battue sous les pilons sans avoir vingt et trente pour cent de ce poussier, qu'on est obligé de repasser au moulin : ce qui consomme du temps, exige du travail, et diminue d'un quart au moins la quantité de poudre qu'on fabriqueroit dans un moulin, si l'on obtenoit tout de suite une quantité de poudre en grains égale à celle que donne ce nouveau procédé.

HUITIÈME LEÇON.

Des propriétés de la poudre de guerre, de la manière de l'éprouver, de sa conservation et réparation.

CE n'est pas assez de connoître les procédés d'une fabrication ; on n'auroit pour guide qu'une aveugle routine, si l'on n'étoit en état d'en prévoir les résultats, et d'en apprécier les produits.

La poudre de guerre étant composée, comme il a été dit précédemment, de six parties de nitre, une partie de charbon et une partie de soufre ; toutes ces matières doivent concourir à l'effet ou le modifier par leurs propriétés.

Lorsqu'on a fortement comprimé de l'air dans le fusil à vent, si on lui ouvre un issue, il s'échappe avec violence, et chasse la balle qu'il rencontre à plus ou moins de distance, suivant le degré de compression qu'il avoit reçu. Cela peut servir à donner une idée de l'explosion de la poudre, puisqu'elle a également pour cause l'élasticité d'une masse de fluides aériformes, qui se dégagent subitement ; mais il n'est plus permis aujourd'hui de confondre ces fluides avec l'air de l'atmosphère ; ils ont leurs caractères qui les distinguent ; il n'y a même aucune ressemblance dans la manière dont ils existent dans la poudre avant l'inflammation ; voici ce qui se passe dans cette opération.

A l'instant où l'étincelle touche la poudre, le soufre s'allume, il brûle, en s'appropriant le peu d'air qui l'environne, et une portion de l'oxigène du nitre avec lequel il est en contact ; la chaleur qui résulte du calorique, rendu libre par la nouvelle combinaison de l'oxigène, met le charbon en état d'agir lui-même sur l'oxigène du nitre, et par le carbone ou matière propre du charbon, et par l'hydrogène qu'il contient ; et la décomposition de l'acide du nitre rend à l'état élastique, l'azote qui est son radical.

Il se forme donc simultanément 1.º *par l'union du soufre à l'oxigène*, du gas acide sulfureux, qui finit par se fixer en partie dans l'alcali du nitre, mais qui, au moment de sa formation, et avec le concours du calorique, jouit d'une assez grande élasticité.

2.º *Par l'union du carbone à l'oxigène du nitre*, une quantité considérable de gas acide carbonique.

3.º *Par l'union de l'azote au calorique*, du gas azote.

4.º Enfin, *par l'union de l'oxigène du nitre à l'hydrogène du charbon*, une portion d'eau qui, réunie à celle que retient encore la poudre, et portée subitement à l'état d'incandescence, acquiert une force expansive très-considérable.

On démontre la présence de l'oxigène dans le nitre en l'exposant au feu dans des vaisseaux bien fermés ; si l'on recueille le fluide aériforme qui s'en dégage, et qu'on y plonge un corps combustible à-peine allumé, la rapidité avec laquelle il le dévore, l'éclat de la lumière qui accompagne cette combustion, suffisent pour le faire distinguer de l'air commun.

On prouve de même la formation du gas acide carbonique, et du gas azote, en les recevant

sous une cloche de verre remplie d'eau, pendant
la combustion d'un mélange de trois parties de
nitre et d'une partie de charbon.

On ne peut méconnoître l'action de la vapeur
aqueuse, à un haut degré de chaleur, depuis
qu'elle est devenue un instrument si puissant
dans nos pompes à feu.

Pour connoître exactement la force d'une
poudre, il faudroit mesurer la durée de son
inflammation, la quantité de gas qu'elle produit,
le volume qu'ils prennent instantanément par la
chaleur, et, ce qui en est l'effet immédiat, la
vitesse qu'ils impriment au projectile qui s'oppose
à leur expansion. Il reste bien des recherches à
faire sur ce sujet : dirigées par le génie de la
liberté, elles ne peuvent manquer d'amener des
résultats capables de fixer la victoire sous ses
drapeaux.

Il y a plusieurs manières d'éprouver compara-
tivement la force de la poudre.

On en met trois onces dans la chambre d'un
petit mortier incliné à quarante-cinq degrés;
elle doit porter à quatre-vingt-dix toises un globe
de cuivre du poids de soixante livres, pour être
jugée de la qualité exigée pour le service.

L'éprouvette à recul, qui porte le nom de

d'Arcy, peut être regardée comme la plus exacte ; mais c'est une machine dont l'exécution est dispendieuse, et qui exige un établissement fixe.

L'éprouvette à ressort de Regnier a l'avantage d'être portative, et indique assez constamment les divers dégrés , avec toute la justesse qu'on peut espérer de ce genré d'instrument , et en opérant sur de petites quantités.

La poudre faite se met dans des barils. Il y en a de cent et de deux cents livres : les premiers ont vingt-deux pouces de hauteur sur treize pouces de diamètre ; les derniers vingt-trois pouces de hauteur sur dix-huit de diamètre. Avant de placer la poudre dans le baril , on l'enferme dans un sac de toile serrée. Les barils de poudre de guerre de deux cents livres destinés pour les armées sont recouverts d'une enveloppe qu'on nomme chappe.

La poudre doit être conservée dans un lieu sec ; l'humidité l'altère tellement , qu'après un certain temps , elle seroit absolument hors de service ; quelquefois il suffit, pour la réparer, de l'étendre au soleil. Si l'eau y a pénétré en assez grande quantité pour dissoudre une portion de nitre , comme quand elle a été avariée sur les vaisseaux , il n'y a d'autre moyen que de la retravailler , en renforçant sa composition , du nitre que l'on juge qu'elle a perdu.

La police des magasins et dépôts de poudre ne doit être ni moins vigilante , ni moins sévère que celle des ateliers de fabrication ; ce n'est pas assez d'en écarter les matières en ignition, on ne doit jamais perdre de vue qu'elle s'allume sans contact immédiat du feu , et même par la seule percussion.

COURS

COURS

SUR LA FABRICATION

DES CANONS DE FER COULÉ.

PREMIÈRE LEÇON.

Des mines de fer.

Les *métaux*, lorsque leurs molécules sont séparées, par quelque moyen que ce soit, ou rendues moins adhérentes les unes aux autres par la chaleur, ont la faculté de se combiner avec l'*oxigène*. Alors ils perdent l'éclat et la plupart des autres propriétés métalliques ; ils augmentent de poids ; ils ont une forme terreuse ; ce sont des *oxides*.

Les oxides se trouvent dans le sein de la terre, quelquefois purs ; ils sont le plus souvent combinés ou avec d'autres oxides, ou avec des

E

matières combustibles, comme le soufre, ou
avec des matières terreuses auxquelles ils sont
adhérents, et lorsqu'ils y sont en assez grande
quantité pour en être extraits, on les appelle
mines métalliques ; ainsi la mine de fer est
un oxide de fer, le plus souvent combiné avec
des matières terreuses, telles que l'argile, le
sable fin et la pierre à chaux, ou avec d'autres
métaux tels que l'arsenic, la manganèse, ou
enfin avec des matières combustibles, telles
que le soufre, le phosphore, &c.

Les mines de fer se trouvent dans les terrains
primitifs ou dans les terrains d'alluvion.

Les premières donnent presque toujours du
fer de bonne qualité ; elles sont ou sans mélange de matières terreuses, comme la mine de
l'isle d'Elbe, ou combinées avec des matières
terreuses, comme la mine spathique, qui peut
être ou blanche, ou grise, ou brune. Les unes
et les autres peuvent être cristallisées ou non
cristallisées. Elles composent ce qu'on appelle
en général *mines en roches.*

Les mines que l'on trouve dans les terres
d'alluvion sont le plus souvent mêlées avec du
phosphore, qui rend le fer cassant à froid.

Elles sont ou de formation ancienne ou de
formation nouvelle.

Dans le premier cas, on les trouve ou en

masse ou en grains épars dans la terre, arrondis, quelquefois anguleux ; alors on les lave pour en séparer la terre.

Dans le second cas, l'oxide libre résultant de la décomposition des pyrites, et entraîné par les eaux de pluies, se dépose dans le fond des marais, comme dans la Dalécarlie, d'où on le retire par l'exploitation, et où il s'en rassemble d'autres dans la suite.

SECONDE LEÇON.

Des fonderies de fer.

On sépare le fer des matières terreuses et de l'oxigène, avec lesquels il est combiné dans la mine, en faisant fondre le minerai dans un haut fourneau. Les matières terreuses forment un verre grossier qu'on nomme *laitier*, et qui surnage. Le fer, comme plus pesant, tombe au fond du creuset.

Le charbon incandescent a aussi la faculté de se combiner avec l'oxigène ; il s'y attache même avec plus de force, et il l'enlève à presque toutes les autres substances ; ainsi dans le haut fourneau le charbon enlève à l'oxide de fer une partie de son oxigène, mais il n'a pas le temps de l'enlever en entier. Le fer reprend son éclat métallique ; mais l'oxigène qu'il retient encore le rend fusible et cassant : c'est la matière du *fer coulé* ou la *fonte;* sa cassure est blanche et brillante.

Le charbon incandescent s'allie aussi avec le fer ; et lorsque, dans la charge du fourneau, on en met plus qu'il n'en faut pour échauffer et fondre la mine, une partie se combine avec le fer. Alors la fonte refroidie est plus ou moins grise, selon qu'elle contient plus ou moins de charbon. La fonte grise, contenant moins d'oxigène, est aussi moins cassante, et c'est cette substance qu'on emploie à la confection des canons pour le service de la marine.

On peut mesurer la ténacité de la fonte. Pour cela on en coule un barreau carré de trois pouces de grosseur et de dix-huit pouces de longueur : on le fixe par un bout dans une entaille, on le prolonge de l'autre par un levier de six pieds et demi, à l'extrémité duquel on suspend des poids ; et si dans cet état le barreau peut porter 1500 livres sans se rompre, on peut l'employer sans danger à la confection des canons.

Pour *affiner* le fer, c'est-à-dire, pour lui donner toute la ductilité dont il est susceptible, il faut enlever à la fonte tout l'oxigène

qu'elle retient. Pour cela , on la fait refondre
à la forge entre des charbons allumés ; elle y
perd sa fusibilité , elle devient susceptible de s'a-
longer sous le marteau , et de prendre la forme
de barres. C'est le *fer forgé*.

Si la mine contient du phosphore , il en reste
la plus grande partie dans le fer forgé , ce qui
le rend cassant à froid.

Si la mine contient des oxides d'autres métaux
fusibles , sur-tout de l'arsenic , ces métaux restent
en grande partie dans le fer , et le rendent cassant
à chaud.

Le charbon combiné avec le fer affiné forme
l'acier. On nomme *acier naturel* ou *acier de
forge* celui qui résulte de l'affinage de la fonte
grise traitée de manière que le charbon qu'elle
contient ne se brûle pas. On appelle *acier de
cémentation* celui qu'on obtient en tenant pendant un certain temps du fer forgé en contact
avec le charbon incandescent dans des vaisseaux clos , afin qu'il absorbe une quantité suffisante de ce combustible.

Résumé des deux premières Leçons.

1.º La mine de fer est un mélange d'*oxide
de fer* avec différentes substances.

2.º L'oxide de fer est le résultat de la combinaison du fer avec une quantité d'oxigène assez grande pour lui faire perdre son éclat métallique. L'oxigène peut y entrer en différentes doses et jusqu'au tiers du poids total de l'oxide.

3.º La fonte est de l'oxide qui a cédé au charbon la plus grande partie de son oxigène, et qui en retient encore une certaine quantité qui la rend cassante et fusible. La fonte est blanche si elle ne contient que du fer et de l'oxigène ; elle est grise, si de plus elle contient du charbon.

4.º Le fer affiné est un métal pur, du moins autant que les moyens employés dans les forges peuvent le permettre.

5.º L'acier est du fer pur, combiné avec du charbon, soit qu'il le tienne de la fonte grise dont il provient, comme l'*acier de forge*, soit qu'on l'y ait introduit par art, comme l'*acier de cémentation*.

TROISIÈME LEÇON.

Du moulage des canons.

On a d'abord coulé les canons creux; mais le noyau qui formoit l'ame, étoit sujet à se décentrer, il donnoit lieu à des soufflures qui rendoient les pièces défectueuses. Maintenant, on les coule pleins; on les fore ensuite, et le moule n'a pas de noyau.

Il y a deux procédés pour mouler les canons; celui du moulage en terre, et celui du moulage en sable.

1. Le moulage en terre a deux parties distinctes; la confection du modèle qui sert à faire le moule, et la confection du moule.

Pour faire le modèle, on prend un axe de bois que l'on nomme trousseau, dont la grosseur diminue uniformément d'un bout à l'autre, pour qu'il se dépouille facilement, et mobile sur deux tourillons placés à ses extrémités. On garnit ce trousseau d'une natte de foin cordé, puis on applique sur cette natte des couches successives d'une terre argileuse, molle et pétrie avec du crotin de cheval; on fait sécher ces couches les unes après les autres , en faisant tourner le modèle sur un feu de charbon ; et on donne aux dernières couches la forme exacte que doit avoir le canon , au moyen d'un échantillon découpé suivant le profil du canon, et qui enlève toute la terre molle qui excède ce profil. Cette dernière couche bien séchée, on fixe dessus les modèles des tourillons du canon ; et dans cet état, ce modèle qu'on appelle noyau, est propre à servir à la confection du moule.

Pour faire le moule, on enduit d'abord le modèle d'une légère couche de cendre lessivée qui doit empêcher le moule d'adhérer au modèle ; puis on met sur tout le modèle une première couche d'une terre argileuse très-délayée et mêlée d'un peu de crotin ; quand elle est sèche, on en met une seconde de la même terre, qui a pour objet de remplir les gerçures de la première. On la laisse également sécher, et ensuite on met deux couches consécutives d'une terre plus épaisse et moins molle , puis on garnit tout le moule de bandes de fer dans sa longueur , et de cercles de fer dans son contour ; enfin on recouvre le tout de plusieurs couches de terre qui ne se mettent chacune que quand la précédente est sèche.

Le moule fini, on le soulève pour le faire porter sur un chariot ; on chasse par le petit

bout le trousseau qui se dégage facilement ; on
retire la natte de foin cordé ; la terre qui repo-
soit sur cette natte, pour composer le modèle,
s'éboule de toutes parts, on repousse les modèles
des tourillons qui tombent sur la terre éboulée,
et on retire le tout de l'intérieur du moule. On
garnit les bouts des tourillons du moule de
deux gâteaux de terre bien séchée, et qu'on
fixe à la ferrure de ces tourillons. Cela fait, on
chauffe l'intérieur du moule pour le sécher,
ensuite on y passe un enduit d'argile délayée à
grande eau, pour réparer tous les petits défauts,
et enfin une couche de charbon pilé très-fin et
délayé, dont l'objet est d'empêcher que le métal
n'adhère au moule, et que la surface extérieure
du canon ne s'oxide en touchant la terre qui
retient toujours un peu d'humidité.

On fait à part le moule de la culasse du
canon, et celui de la *masselote*, et on dispose leurs ferrures de manière qu'elles corres-
pondent à celles du moule du canon, et qu'elles
puissent être fixées les unes aux autres, soit
par des fils métaliques, soit avec des boulons
à écrous.

La masselotte est une partie ajoutée à la
longueur du canon. Elle a trois objets : le
premier, de comprimer, par son poids, le
métal encore liquide, et de l'obliger à remplir

exactement toutes les parties du moule ; le
second , est de fournir du métal à la piéce , à
mesure qu'elle prend de la retraite par le refroidissement ; le troisième , est de recevoir toutes
impuretés que le métal rejette à sa surface ,
et toutes les soufflures qu'elles occasionnent ,
de manière qu'en coupant la masselotte , la piéce
soit sans défaut.

Tout étant ainsi disposé , on descend le moule ,
la culasse en bas , dans une fosse assez pro-
fonde , creusée en avant du fourneau. Lorsqu'il
est posé bien d'à-plomb , on remplit la fosse
de terre sèche , qu'on bat tout autour du moule
pour le soutenir , et le mettre en état de résister à la pression du métal fondu.

Ce procédé , qui exige la confection d'un
modèle par chaque moule , est très-long : il
expose à des maladies les ouvriers qui enterrent
et déterrent les moules ; il est cependant encore
le seul qui soit en usage dans les établissements
nationaux, tels que Douai, Strasbourg, Ruelle,
quoique depuis un assez grand nombre d'années,
le moulage en sable fût connu et pratiqué en
France : tant le perfectionnement a de peine à
s'introduire dans les établissements nationaux!

2. Pour le moulage en sable , on a un modèle
en cuivre de la piéce de canon , garnie de sa
masselotte. Ce modèle est divisé en tronçons,

qui se moulent séparément, et la division est telle, que chaque tronçon puisse facilement se dépouiller.

Chaque tronçon a une caisse de fer coulé, de même hauteur que lui, et composée de deux piéces qui se réunissent, et que l'on serre l'une contre l'autre avec des boulons à la clavette. Le modèle se place au centre de la caisse, et on remplit l'intervalle qui se trouve entre le modèle et la caisse avec du sable mêlé d'un peu d'argile, que l'on presse et que l'on bat par couches successives de quatre lignes d'épaisseur.

Le modèle de cuivre est creux, tant pour diminuer son poids, que pour la facilité du service. Si la piéce doit porter quelques parties saillantes comme les tourillons, une astra-gale, &c, on applique le modèle de ces objets sur le modèle du canon, et on les y fixe par des vis que l'on tourne dans l'intérieur du modèle. Quand la pièce est moulée, on retire les vis; le corps du modèle se dépouille, et on retire ensuite les modèles des parties saillantes. On enduit ensuite l'intérieur du moule d'une couche de charbon délayé dans une eau légère-ment argileuse, pour le même objet que dans l'autre moulage.

Dans la leçon on exposera toutes les petites attentions qu'il faut apporter pour que les différentes parties du même moule se rapportent parfaitement les unes avec les autres.

Les moules des tronçons étant faits , on les fait sécher dans une étuve bâtie en briques comme un four , et dont la porte est de fer ; puis on monte les caisses les unes sur les autres pour composer le moule entier ; on les assemble par des boulons à clavettes , et au moyen d'une grue on descend le moule entier dans la fosse qui n'a pas besoin d'être remplie de terre , parce que les caisses de fer coulé sont en état de résister à la pression du métal en fusion.

QUATRIÈME LEÇON.

Du coulage des canons.

LE moule étant mis en place dans la fosse , on pratique une rigole en terre pour conduire le métal coulant depuis le trou du creuset du fourneau , que l'on débouche pour le moment de la coulée , jusqu'à la bouche du moule. La terre de de cette rigole ne doit pas être trop sèche , parce que le métal l'entraîneroit avec lui dans le moule ; elle ne doit pas être trop humide , parce qu'elle occasionneroit des explosions qui feroient manquer la coulée ; elle doit être assez humide pour être battue et unie à sa surface.

Si la piéce est petite, ou si le creuset du fourneau est assez grand pour fournir la matière à la coulée de la piéce, on perce le trou du creuset avec un ringard, et le métal coule dans la rigole. On traverse cette rigole par une pale qui, plongeant un peu dans le ruisseau de métal, arrête les scories qui flottent à la surface, et ne laisse passer que le métal pur dans le fond de la rigole.

Mais pour les piéces de gros calibre, dont chacune exige environ neuf milliers de fonte, les creusets des hauts fourneaux ne contiennent pas assez de matière. Pour y suppléer, on bâtit, à portée du haut fourneau, un ou plusieurs fourneaux de réverbère, qui ont simplement pour objet de refondre la fonte provenant d'autres fonderies, et d'en fournir la quantité qu'exige la coulée; alors on réunit les rigoles des fourneaux de réverbère à celle du haut fourneau; on perce d'abord les creusets des fourneaux de réverbère, parce que la matière, acquérant plus de ténacité à la refonte, elle convient mieux pour le tonnerre de la piéce : on perce ensuite le creuset du haut fourneau pour achever la volée du canon et la masselotte ; de manière cependant qu'il n'y ait aucun intervalle entre les deux écoulements.

Les fourneaux de réverbères sont chauffés avec un combustible qui produit de la flamme. Le feu n'est point animé par des soufflets ; son activité est excitée par le tirage de la cheminée, et elle est d'autant plus grande, que la cheminée est plus haute. La flamme, pour aller gagner la cheminée, est obligée de frapper le métal, qui est placé sur un sol en pente ; et à mesure que le métal fond, il coule et se rassemble dans le creuset du fourneau.

Jusqu'ici, on a toujours chauffé les fourneaux de réverbères avec du charbon de terre : comme l'activité de la flamme de ce combustible est très-grande, la fusion est plus rapide, et la fonte s'altère moins. Ainsi, par-tout où l'on peut avoir de ce combustible, il faut lui donner la préférence ; mais dans les lieux où il est impossible de s'en procurer, on pourra chauffer le fourneau avec du bois, en ayant attention de placer le bois debout, et de l'employer bien séché, afin qu'il s'enflamme avec plus de rapidité.

La coulée faite, on laisse le moule en place environ dix à douze heures, pour lui donner le temps de se refroidir assez pour qu'il puisse être transporté, sans que la pièce s'altère ; ensuite on le retire de la fosse, on le couche à terre, on désassemble les parties du chassis, on dépouille la pièce du sable qui lui adhère, et elle est en état d'être transportée à la forerie.

CINQUIÈME LEÇON.

Du forage des Canons.

QUAND la piéce de canon est décapée et
refroidie, on la transporte dans un autre atelier,
que l'on nomme forerie, et où l'on doit exécuter les deux opérations de couper la masselotte et de forer l'ame.

La forerie est une usine dans laquelle on
fait tourner, sur elle-même, une ou plusieurs
piéces de canon comme sur un tour, et dans
laquelle on leur communique ce mouvement,
soit par une roue à eau, soit par une machine
à feu, soit, à défaut de ces deux moyens,
par un manége que des chevaux font tourner,
et qui, au moyen d'un rouet et d'une lanterne,
transmet au canon le mouvement de rotation.

On place le canon dans le prolongement de
l'axe de l'arbre tournant ; il est supporté par
deux colets placés l'un sous l'étranglement du
bouton de la culasse, l'autre un peu en arrière
de la bouche de la piéce, et il est saisi par
l'arbre tournant au moyen d'une tige carrée,
que, pour cet objet, on a ménagée à l'extré-

mité du bouton de la culasse , et que l'on coupe
ensuite.

La piéce ainsi montée et mise en mouvement ;
on présente un outil, que l'on nomme *grain-
d'orge*, à l'endroit où doit être coupée la masselotte : il entame la fonte , et lorsque la feuillure
est creusée de quelques pouces , on frappe avec
un maillet sur le bout de la masselotte ; le
noyau qui reste se casse , et la masselotte se
détache : on la reporte au fourneau de réverbère pour fournir aux coulées suivantes.

Puis avec un outil , on unit l'extrémité de
la piéce que la cassure rendoit raboteuse ; on
creuse un peu le centre à-peu-près de la forme
que doit avoir la pointe du foret , et la piéce
est disposée pour le forage.

Le foret est une forte tige de fer forgé ,
d'une longueur un peu plus grande que celle
de l'ame du canon , portant , à l'une de ses
extrémités , un taillant d'acier trempé , et sup-
portée , à l'autre extrémité , par une espèce de
chariot mobile entre deux coulisses. Ce foret
se place dans le prolongement de l'axe de la
piéce ; un poids suspendu , en tirant continuellement le chariot , presse le taillant du foret
contre la piéce de canon qui tourne : ce taillant
rode et entame continuellement la fonte, et l'ame
se fore sans autre attention que celle d'entre-
tenir

tenir constamment, au moyen du poids, la pression du foret contre la piéce.

Dans quelques foreries, on fait encore cette opération en deux temps ; on fore d'abord une ame d'un calibre plus petit, puis on passe le foret du calibre de la piéce. Dans les foreries nouvelles, l'opération est plus rapide ; l'ame se fait d'un seul coup de foret ; seulement on tient ce foret d'une demi-ligne plus petit qu'il ne convient, et ensuite on met de calibre la piéce, au moyen d'un alaisoir qui rend l'intérieur de l'ame plus uni, et qui fait disparoître toutes les inégalités que la première opération peut avoir produites.

Les taillants d'acier sont amovibles : ils sont fixés à l'extrémité de la tige par des vis ; on peut les démonter pour les changer ou pour les affûter quand il est nécessaire.

Il est avantageux que dans la forerie il y ait une potence, une grue, ou une machine, quelle qu'elle soit, qui donne des facilités pour enlever la piéce de dessus le chariot qui la conduit à la forerie, pour la placer sur le banc de foret, pour l'en retirer ensuite, et la recharger sur le chariot qui doit l'emmener.

SIXIÈME LEÇON.

Du forage de la lumière, des visites et des épreuves.

Dans les fonderies où l'on coule en terre, la première opération que l'on fait lorsque le canon est enlevé de la forerie, est d'ajuster les tourillons dont les modèles peuvent avoir été mal placés sur celui du canon. Mais dans le moulage en sable, comme les modèles des tourillons ne sauroient être mal placés, si la position des vis qui les fixent a été bien déterminée, il n'y a rien ou il y a peu de chose à réparer.

La lumière est l'ouverture par laquelle le feu se communique à la charge du canon; elle se fait avec un foret que l'on fait tourner au moyen d'un archet; sa direction doit être telle, qu'elle aille rencontrer la charge vers le fond. Cette opération n'exige d'autre attention que de donner au foret la direction convenable pour cet objet.

La lumière étant percée, on fait une première visite pour s'assurer si l'ame a les dimensions exigées, et si les piéces n'ont d'incorrections que celles qui sont tolérées par les réglements , et alors on les soumet à l'épreuve de la poudre.

Pour cela , on les porte au champ d'épreuve, où on les place sur des affûts ; on leur fait subir deux décharges pour chacune desquelles le poids de la poudre est la moitié de celui du boulet. On met un valet sur la poudre , puis deux boulets, enfin un second valet , le tout fortement refoulé, et on tire.

Les deux salves faites , si les piéces ont résisté, on les visite de nouveau, et on sonde l'ame avec des instruments propres à faire reconnoître les chambres qui pourroient s'y être formées par les deux décharges. On rebute les piéces défectueuses ; celles qui ne présentent aucun défaut qui ne puisse être toléré, sont enfin soumises à l'épreuve à l'eau.

Pour cela , on bouche d'abord la lumière , et on élève assez la volée de la piéce , pour pouvoir la remplir d'eau ; on y laisse séjourner l'eau pendant quelque temps, pour lui donner la facilité de dissoudre les matières qui pourroient en être susceptibles , puis on ferme la bouche du canon avec un écouvillon qui entre juste, et on refoule fortement cet écouvillon. Si la piéce a quelques petites ouvertures, l'eau, fortement pressée , s'y insinue et les dévoile en sortant au dehors.

S'il ne se manifeste aucun de ces défauts , la piéce est reçue et envoyée dans les ports.

www.ingramcontent.com/pod-product-compliance
Lightning Source LLC
Chambersburg PA
CBHW070906280326
41934CB00008B/1606